BEI GRIN MACHT SICH IHR WISSEN BEZAHLT

AF141194

- Wir veröffentlichen Ihre Hausarbeit,
  Bachelor- und Masterarbeit

- Ihr eigenes eBook und Buch -
  weltweit in allen wichtigen Shops

- Verdienen Sie an jedem Verkauf

Jetzt bei www.GRIN.com hochladen und kostenlos publizieren

Athletiktrainer im Fußball. Trainingskonzept für Fußballmannschaften

Markus Teicher

Bibliografische Information der Deutschen Nationalbibliothek:

Die Deutsche Nationalbibliothek verzeichnet diese Publikation in der Deutschen Nationalbibliografie; detaillierte bibliografische Daten sind im Internet über http://dnb.d-nb.de abrufbar.

ISBN: 9783346930705
Dieses Buch ist auch als E-Book erhältlich.

Druck und Bindung: Books on Demand GmbH, Norderstedt Germany
Gedruckt auf säurefreiem Papier aus verantwortungsvollen Quellen

Das vorliegende Werk wurde sorgfältig erarbeitet. Dennoch übernehmen Autoren und Verlag für die Richtigkeit von Angaben, Hinweisen, Links und Ratschlägen sowie eventuelle Druckfehler keine Haftung.

Das Buch bei GRIN: https://www.grin.com/document/1381915

Academy of Sports

Abschlussarbeit– Athletiktrainer im Fußball

Teicher, Markus
07.06.2023

Inhalt

1. Einleitung

Diese Ausarbeitung befasst sich mit einem schriftlich dargestelltem Trainingskonzept für eine Mannschaft aus der 1. Kreisklasse Zwickau für einen Zeitraum von 6 Monaten. Dabei wird die erste Saisonhälfte bis zur Winterpause inklusive Sommervorbereitung betrachtet und ausgearbeitet. Im Folgenden werde ich auf eine Analyse des konditionellen Anforderungsprofils eingehen und eine Diagnose des konditionellen Leistungszustanden der betreffenden Mannschaft geben.
Die Zielsetzung des Teams für die Saison wird ebenfalls ein wichtiger Fakt in dieser Ausarbeitung sein. Weiterhin wird auf das individuelle Trainingskonzept eingegangen und mit gewisser Übungsauswahl gearbeitet, inklusive Hilfsmittel, um die Mannschaft für die Saison fit zu bekommen. Durch eine Analyse und Überwachung der einzelnen Spieler in der ersten Hälfte der Saison wird man eine Bewertung des Zieles und der Ergebnisse vornehmen können und Rückschlüsse auf die Rückrunde bzw. Anforderungen ans Team in der Wintervorbereitung ziehen können.

2. Das Team

Die SpVgg Reinsdorf – Vielau wurde als Tabellensiebter der Vorsaison durch einen Zusammenschluss der Kreisligen A und B zu einer gemeinsamen Staffel auf Grund einer vom Verband festgelegten Entscheidung in die Kreisklasse abgestuft. Sichtlich sauer, über diese unfaire Situation, will das Team nun so schnell es geht den sofortigen Wiederaufstieg schaffen. Erschwert wird dies durch die Tatsache, dass ähnlich starke Teams, aus der eigenen und der anderen Staffel ebenfalls absteigen mussten und das gleiche Ziel anstreben. Die Leistungsdichte in der Liga ist somit, auch wenn es nur Kreisklasse ist, recht nah bei einander. Aus diesem Grund trat Trainer Michael Krause an mich heran und bat mich, dem Team den nötigen Feinschliff zu geben, damit man die fußballerische Ausgeglichenheit, durch konditionelle und körperliche Überlegenheit in positive Spielergebnisse wandeln kann. Dieser Aufgabe stelle ich mich gern und beginne gemeinsam mit dem Trainer ein Konzept für die Sommervorbereitung zu planen.

Das Team besteht aus 20 Spielern, davon 2 Torhüter. 2 Spieler kamen aus der A-Jugend in den Herrenbereich und 3 gestandene Spieler, inklusive Spielertrainer, sind bereits über 40 Jahre. Es handelt sich aber grundsätzlich um ein Team, welches aus älteren Spielern besteht, die natürlich viel Erfahrung haben und teilweise höherklassig gespielt haben. Der Altersdurchschnitt beträgt 31,6 Jahre. Aus diesem Grund muss man in der Trainingsgestaltung nicht so viel erklären, denn die älteren Spieler kennen die meisten Dinge aus ihrer Erfahrung und bilden gleichzeitig ein Bindeglied zwischen Trainerteam und Mannschaft. Somit können sie mit ihrer Erfahrung auch die jüngeren Spieler automatisch führen.
Mein erster Eindruck vom Team ist sehr angenehm und positiv, ich wurde gut aufgenommen, auch wenn ich nicht für die schönsten Momente im Trainingsprozess sorgen werde.

2.1 Mannschaftskader

Wie bereits beschrieben besteht der Kader aus 20 Spielern, davon 2 Torhüter. Da wir uns in der Kreisklasse bewegen, müssen hier keine wichtigen Daten ausgewertet werden, wie Fettanteil oder Umfänge. Was mich interessiert ist Alter, Körpergröße und Gewicht, sowie der Beruf, denn damit kann ich auch nachvollziehen wie sehr der Spieler im Alltag belastet ist und wie häufig er, eventuell durch Schichtsystem, zum Training kommen wird. Auch das Familienleben spielt eine entscheidende Rolle, denn Familienväter müssen sich neben der Arbeit auch um Frau und Kinder kümmern, damit besteht die Wahrscheinlichkeit von Trainingsausfall an diesen Tagen. Die Spieler haben feste Nummern von mir erhalten für die Testungen, diese sind Positionsunabhängig und haben nichts mit der Nummer auf dem Trikot zu tun, es vereinfacht jedoch das Erfassen:

1 Ronny Szameitpreuksch; 37; TW; 1,85m; 93 Kg, Busfahrer; 2 Trainings/ Woche

2 Tobias Schmalfuß; 32; TW; 1,83m; 75Kg; Verkäufer; 1x Training

3 Andy Schubert; 33; IV; 1,81m; 92 Kg; Schachtarbeiter Bergbau; 2x Training

4 Tom Kleinschmidt; 27; IV; 1,90m; 81 Kg; Monteur; 2x Training

5 Christian Meier; 30; AV; 1,78m; 81 Kg; Serviceleiter Autohaus; 2x Training

6 Maxel Schneider; 28; AV; 1,92m; 103 Kg; Schichtarbeiter VW, 3 von 6 Einheiten

7 Kevin Födisch; 32; AV; 1,75m; 83 Kg; Schichtarbeiter VW; 2 von 6

8 Robert Kuhn; 40; ZM; 1,81m; 84 Kg; Außendienst; kein Training

9 Stephan Scheller; 33; ZM; 1,68m; 69 Kg; Gartenbauer; kein Training

10 Pierre Ritter; 41; ZM; 1,85m; 85 Kg; Versicherungsvertreter; 1x Training

11 Lukas Krug; 18; LM; 1,70m; 60 Kg; Student; 1x Training

12 William Bosch; 19; RM; 1,71m; 62 Kg, Azubi VW Schichtsystem, 3 von 6 Einheiten

13 Fritz Lubjuhn; 28; RM; 1,85m; 65 Kg; Azubi; 2x Training

14 Toni Meier; 32; ZM; 1,83m; 82 Kg, Disponent; kein Training

15 Henrik Grabow; 29; ST; 1,68m; 78 Kg; Aufbereiter; 2x Training

16 Lukas Karge; 23; ST; 1,69m; 99 Kg; Altenpfleger; 1x Training

17 Dennis Trompelt; 35; 1,69m; 78 Kg; Außendienst; 2x Training

18 Mike Böhm; 34; 1,79m; 82 Kg; Bundeswehr; 2x Training

19 Michael Krause; 44; 1,77m; 85 Kg; Disponent; 2x Training

20 Markus Teicher; 37; 1,78m; 82 Kg; Fitnesstrainer; 1x Training

3. Zielsetzung für die Saison

Die Zielsetzung des Trainers und der Mannschaft ist ohne Wenn und Aber der sofortige Wideraufstieg in die eingleisige Kreisliga. Dieses Ziel steht absolut im Fokus und soll mit allen legalen, verfügbaren Mitteln erzwungen werden. Sicherlich ist der Druck auf die Mannschaft dem entsprechend hoch, jedoch muss man konsternieren, dass das Team mit aller Wut aus dem unberechtigten und unfairen Zwangsabstiegt, trotz sportlich guter Leistung, in die Saison gehen wird und der Trainer zumindest was die Motivation angeht, nicht sehr viel Arbeit hat. Man spürt in der Mannschaft zwar den Druck des hoch gesteckten Saisonzieles, jedoch sind sich alle ihr Stärken bewusst und in Verbindung mit gewissen Teambuilding Maßnahmen werden wir das Gefüge dem entsprechend formen.

Für das Thema Training und Athletik werden wir versuchen aus der Mannschaft das höchst mögliche herauszuholen, sodass jeder Spieler durch gezieltes Training in der Lage sein sollte mindestens 90 Minuten auf höchstmöglichem Niveau ohne großen Leistungsverlust zu agieren. Demnach werden wir die erste Trainingseinheit mit einem Ist Zustand Test bestreiten und anschließend darauf die Trainingsinhalte für das Konditionstraining planen. Das gesteckte Ziel für meinen Bereich ist es, dass Team ab dem 1. Saisonspiel so fit zu bekommen, dass jeder Spieler maximal Leistungsfähig ist und dies Form wenn möglich über die komplette Serie hält.

4. Testungen des aktuellen Leistungsbild

Um den Ist Zustand jeden Spielers zu analysieren, gibt es verschiedenen Testverfahren, die man anwenden kann. Jedoch sind diese natürlich immer abhängig von den vorgegeben Mitteln. Auf der einen Seite natürlich die finanziellen Mittel, auf der anderen Seite natürlich die technischen Hilfsmittel. In einem Dorfverein mit lokalen Sponsoren im Spendenbereich, ist nicht zu erwarten, dass ein Budget für Laktattests vorhanden ist. Dies wäre auch in der Kreisklasse in meinen Augen etwas überzogen, denn es sind nun mal alles Freizeitsportler und keine Profis. Auch Hilfsmittel für Sprinttests wie Lichtschranken, sind natürlich in diesen Ligen nicht im Bereich des Möglichen. Somit muss man auf diesem fußballerischen Niveau auf die herkömmlichen Hilfsmittel die wir alle aus unserer Jugend kennen, zurückgreifen. Am Ende werden wir die Tests ganz klassisch mit einer Stoppuhr messen und damit schon ein gutes Ergebnis erzielen. Mit diesen Werten kann man dann arbeiten und versuchen diese Leistung durch Training zu steigern und durch einen RE Test zu belegen.

4.1 Testung der Ausdauerleistungsfähigkeit durch Cooper Test

Dieser Test wird stattfinden auf dem Sportplatzgelände. Um den Platz verläuft eine 400 Meter Laufbahn, sodass hier exakte Werte gemessen werden können. Alle verfügbaren Spieler werden den Test gemeinsam durchführen. Die Spieler, die heute nicht dabei sind, werden den Test nachholen am Samstag vor einem Freundschaftsspiel. Die Aufgabe lautet in 12 Minuten so viel wie möglich Strecke zurück zu legen. Wir testen auf Grund der zeitlichen Begrenzung und dem den entsprechendem Druck eine gewisse Strecke zu schaffen, die aerobe Leistungsfähigkeit des einzelnen Spielers. Folgende Werte kamen heraus.

1 Ronny Szameitpreuksch = 2200m = ungenügend

2 Tobias Schmalfuß = 2700m = befriedigend

3 Andy Schubert; 33 = 2300m = ungenügend

4 Tom Kleinschmidt = 3250m = sehr gut

5 Christian Meier = 2900m = gut

6 Maxel Schneider = 2400m = ungenügend

7 Kevin Födisch = 2750m = befriedigend

8 Robert Kuhn = 2750m = befriedigend

9 Stephan Scheller = 2600m = mangelhaft

10 Pierre Ritter = 2900m = gut

11 Lukas Krug = 3100m = sehr gut

12 William Bosch = 3100m = sehr gut

13 Fritz Lubjuhn = 2800m = gut

14 Toni Meier = keine Teilnahme

15 Henrik Grabow = 2600m = mangelhaft

16 Lukas Karge = 2600m = mangelhaft

17 Dennis Trompelt = 3200m = sehr gut

18 Mike Böhm = 3200m = sehr gut

19 Michael Krause = Spielertrainer nicht teilgenommen

20 Markus Teicher = 3200m = sehr gut

4.1.1 Fazit

Nach diesem ersten Leistungscheck in Sachen Ausdauerleistung sieht man schon die Defizite jedes einzelnen Spielers, aber auch positive Ergebnisse aus dem Leistungscheck sind deutlich sichtbar.

Es fällt beispielsweise sofort auf, dass die zentralen Mittelfeldspieler Defizite im Ausdauerbereich aufweisen, was für ihre Position definitiv schlecht und demnach nicht ausreichend ist. Sicherlich sind alle Spieler im gehobenen Alter und können läuferische Defizite durch Erfahrung und Stellungsspiel ausgleichen, aber eine gewisse Grundausdauer muss auf dieser Position vorhanden sein, somit müssen wir hier definitiv ansetzen.

Auf der Torhüterposition sind die Werte des Stammtorhüters auch erschreckend schlecht, jedoch ist eine Grundlagenausdauer auf dieser Position nicht der entscheidende Faktor. Hier muss mehr auf Schnelligkeit und Reaktionsvermögen geachtet werden.

In der Defensive fällt auf, dass es unterschiedliche Leistungsfaktoren auf sämtlichen Positionen gibt. Beispielsweise fällt Schubert als Innenverteidiger sofort mit seiner schlechten Leistung auf, dies liegt mit hoher Wahrscheinlichkeit auch an seinem Übergewicht. Sein Partner Kleinschmidt in der Innenverteidigung weist im Gegensatz spitzen Werte auf. Diese Position ist innerhalb der Mannschaft von der Dichte her, das größte Problem, da es bei Ausfall durch eventuelle Verletzungen oder Sperren zu einem Personalengpass kommt und somit immer Spieler von einer anderen Position aushelfen müssen bzw. versetzt werden. Dies spielt den beiden natürlich in die Karten, da sie keine Konkurrenz auf ihrer Position haben. Demnach wird es aus athletischer Sicht nicht einfach Schubert besser und leistungsfähiger zu machen.

Auf den Außenverteidiger Positionen sieht es ebenfalls unterschiedlich aus. Die beiden Stammverteidiger Meier und Födisch weisen gute bis befriedigende Werte auf, sodass hier keinerlei übertriebene Handlung erfolgen muss. Schneider als Ergänzungsspieler hingegen, ist auf Grund mangelnden Trainings als ungenügend einzustufen, daher muss hier dringend gehandelt werden. Auch wenn er grundsätzlich wenig Spielzeit bekommt, besteht die Gefahr von Ausfall anderer Spieler und dann sollte er eine dem entsprechende Fitness an den Tag legen.

Die jungen Außenbahn Mittelfeldspieler weisen gute bis sehr gute Werte auf, daher muss hier nicht weiter darauf eingegangen werden.

Auf der Stürmerposition ist die Mannschaft am besten aufgestellt, wobei hier Teicher als Kapitän gesetzt ist und die anderen Spieler je nach Gegner und Personal auch anderweitig einsetzbar sind. Trompelt und Böhm bildeten mit Teicher eine kleine Laufgruppe und haben demnach Spitzenwerte. Beide Spieler können zudem auf fast allen Positionen alternativ eingesetzt werden, daher ist ihre Ausdauerleistungsfähigkeit für die ganze Mannschaft von enormer Wichtigkeit. Karge und Grabow, der längere Zeit verletzt war mit einem Kreuzbandriss, hatten beide, auch auf Grund ihres Gewichtes, enorme Probleme die 12 Minuten überhaupt zu schaffen.

Fazit für die komplette Mannschaft ist hier, dass es wie erwartet in dieser Spielklasse zu extremen Unterschieden kommt und auf Grund der Tatsache, dass es Freizeitsport ohne Bezahlung ist, man keinen Spieler zwingen kann zum Training zu kommen, um seine Leistung zu verbessern. Jedoch muss der Trainer auf Grund der Trainingsleistung und Anwesenheit entscheiden, wen er am Wochenende aufstellt und wer auf Grund mangelnder Trainingsbeteiligung eher ein Kandidat für die Auswechselbank ist. Meine Aufgabe wird es sein, allen Spielern ins Gewissen zu reden und durch Trainingsinhalte zu bewerkstelligen das eine Verbesserung erfolgen kann, um die Trainingsbeteiligung hoch zu halten und dem entsprechende Erfolge zu erreichen. Denn das Saisonziel Aufstieg wiegt über Allem und auch daran wird meine Arbeit gemessen und ich messe mich selbst daran.

4.2 Testungen der Schnelligkeit

Am 2. Trainingstag der 1. Woche der Vorbereitung möchten wir nun über die Schnelligkeitstest mehr über diesen Bereich der Leistungsfähigkeit im Team feststellen. Die Antrittsschnelligkeit testen wir in Form von Antritten von der Grundlinie zu Strafraumgrenze, also 16 Meter Sprints in 2er Gruppen. Da wir nicht über eine Lichtschranke verfügen und nicht die Zeit haben jeden Spieler einzeln zu testen, nutzen wir ein Startsignal und Trainer Krause und ich stoppen die Spieler einzeln.

Ähnlich im Vergleich zu den Ausdauertest ist, dass die jungen Spieler hier eine enorme Beschleunigung besitzen und dem entsprechend schnell sind. Für die Position auf der Außenbahn somit sehr gut besetzt.
Spieler wie Schubert, Kuhn, Teicher, Meier und die beiden Torhüter fielen dagegen durch die langsamsten Zeiten auf. Hier gilt es natürlich durch Training dem entsprechend dies bis Saisonbeginn etwas zu verbessern, jedoch sollte jedem Spieler und Trainer bewusst sein, dass anatomische Voraussetzungen und das Alter hier eine entscheidende Rolle spielen. Durch Training kann eine Leistungsverbesserung stattfinden, in welchem Rahmen diese bei Spielern um die 40 Jahre sichtbar sein wird, kann man nicht vorhersagen, aber tendenziell sollte man hier nicht die größten Erwartungen haben. Auch hier wird sich durch die Erfahrung und dem entsprechendes Stellungsspiel die fehlende Grundschnelligkeit ausgleichen.

Bei der Testung durch Richtungswechsel, Sprünge und der Sprintausdauer zeigt sich das gleiche Bild, daher muss hier nicht weiter eingegangen werden.

4.2.1 Fazit der Schnelligkeitstest

Ähnlich wie beim Ausdauertest zeigt sich das Bild, welches zu erwarten war. Die jungen, eher drahtigen Spieler zeigen gute Werte, wobei die Älteren, gestandenen Spieler eher schlechte Ergebnisse erzielt haben. Wie bereits erwähnt kann man natürlich in gewissen Varianten dies im Training verbessern, jedoch sind Leistungsgrenzen auf Grund körperlicher Voraussetzungen und Alter gegeben, die man auf diesem Niveau nicht mehr korrigieren kann. Es handelt sich um eine erfahrene Mannschaft und einen erfahrenen Trainer. Durch gezieltes Auge sollten hier die Stärken und Schwächen jedes einzelnen Spielers erkannt werden und dem entsprechend die Aufstellung und Taktik danach geplant werden.

Ein Verbesserung der Schnelligkeit wird in den Trainingsprozess einfließen und von Training zu Training entschieden, welche Varianten zum Tragen kommen, um nicht nur eventuell schneller zu werden, sondern auch um seine Schnelligkeit zu behalten und nicht weiter abzubauen.

4.3 Testung der Kraft

In diesem Fall geht es mehr oder weniger um die Sprungkraft und Testungen im functional Training mit Körpereigengewicht. Die körperlichen Voraussetzungen in Sachen Kraft oder Krafttestungen für eine Anamnese im Studio sind hier nebensächlich. Natürlich spielt diese Kraft bzw. Muskulatur im Breitensport Fußball eine Rolle, jedoch ist es für Spieler dieser Klasse und auch für die finanziellen Voraussetzungen im Verein nicht möglich, dies zu ermöglichen.

Demnach beginnen wir mit Sprungtests mit dem Jump-and-reach Test wo die Spieler aus einer Squat Position explosiv abspringen und mit den Händen die Höhe markieren. Anschließend nutzen wir den Sprunglauftest um nach einem kleinen Anlauf mit 10 direkten Sprungwechseln eine möglichst weite Strecke zurückzulegen. Der Standweitsprung wir anschließend diese Kategorie abschließen. Hier wird aus dem Stand so weit es geht nach vorn abgesprungen.

Nun absolvieren wir noch 3 Tests für die Kraft. Wir beginnen mit Liegestütze, wobei hier so viele wie möglich sauber absolviert werden sollen. Anschließend wird ein Squat mit gleicher Aufgabe ausgeführt, auch hier sollen so viele Wiederholungen wie möglich gemacht werden. Die letzte Übung wird eine Plank sein, dabei soll die perfekte Position so lang es geht sauber gehalten werden.

4.3.1 Fazit der Krafttestung

Bei den Krafttests zeigt sich im Vergleich zu den anderen Tests ein anderes Bild. Hier sind die gestandenen Spieler deutlich überlegener. Besonders Innenverteidiger Schubert zeigt sich hier als Sprungtalent und wird, trotz nicht übermäßiger Größe, als Kopfballungeheuer bezeichnet. Dies wiederspiegelt seine Leistungsanalyse in diesem Bereich.

Bei den Testungen der allgemeinen Kraft waren auch die älteren, normal gebauten Spieler wie Trompelt, Böhm, Ritter und Teicher hier am Besten, dort sieht man auch eine gewissen Erfahrung im Fitnessbereich.

Anzusetzen ist meiner Meinung nach in Form von Kraftausdauer, denn die Verbindung von Kräftigungsübungen mit Koordinations- und Ausdauerübungen sind für einen Fußballer sehr wichtig und in gewissen Spielsituationen kann diese körperliche Überlegenheit zu mehr Erfolgschancen verhelfen. Ich werde daher auch hier meine Überlegungen gemeinsam mit Trainer Krause besprechen.

4.4 Absprache des Trainings mit dem Trainer

Nachdem nun alle Tests absolviert wurden und ein dem entsprechendes Bild der Mannschaft vorhanden ist, werden Trainer Krause und ich nun den Aufbau der Saison planen. Das erste Vorbereitungsspiel fand bereits statt. Gegen die A-Jugend aus dem Nachbardorf Friedrichsgrün gab es einen klaren 12:0 Sieg, wobei man hier dem entsprechend nicht zu viel Wert legen sollte. Aus meiner Beobachtung heraus konnte ich dieses Spiel allerdings zur zusätzlichen Analyse nutzen und dem entsprechende Erkenntnisse zu jedem Spieler ziehen. Diese kann ich nun in die Trainingsplanung mit einbeziehen.

Die Vorbereitungsphase beginnt ab der kommenden Woche. Bis zum Punktspielstart sind 6 Wochen Zeit, wobei diese Zeit noch in den Ferien liegt, was eine zusätzliche Hürde für die Trainingsbeteiligung darstellen wird.

Ab dem Tag des ersten Punktspieles gegen FC02 Zwickau, muss das Team auf den Punkt fit sein. Aus diesem Grund besprechen wir gemeinsam mit der Mannschaft den Plan und legen uns auf 3 Trainingseinheiten in der Woche fest, wobei jeder Spieler versucht so häufig es möglich ist daran teilzunehmen, da alle das gleiche Ziel haben. Dabei spreche ich mit dem Trainer ab, dass wir zu Beginn der Vorbereitung die Grundlagenausdauer mehr in den Fokus ziehen und ab der 3. Woche den Fokus auf Schnelligkeit, Koordination und Kraft aus meiner athletischen Sichtweise betrachten. Sicherlich müssen die Jungs bei Laune gehalten werden und werden in jedem Training trotzdem viel mit dem Ball arbeiten, sowie lockere Übungen wie Torschuss und logischer Weise ein Abschlussspiel in verschiedenen Varianten ins Training einbeziehen.

Eine dieser Trainingseinheiten pro Woche wird dabei bei mir im Kursraum stattfinden, wobei in den ersten Wochen die Übungsauswahl eher in Richtung der konditionell-koordinativen Bewegungen mit Hilfe von Stepper und Koordinationsboxen, sowie Hilfsmittel wie Springseile und Fitnesstrampolin gehen wird. Etwas später im Verlauf der Vorbereitung wird das Hauptaugenmerk eher in Richtung Kraftbereich übergehen, dazu werden Kurshanteln inkl. Langhantel, Medizinbälle, Kettlebell, Minibändern und Superbänder genutzt, um einen gewissen Wiederstand bei den Übungen zu gelangen und dadurch die Muskulatur dem entsprechend zu stimulieren. Im Anschluss an diese Trainingseinheit wird Trainer Krause auf dem Platz neben dem Kursraum ein Abschlussspiel leiten.

Die beiden anderen Trainingseinheiten werden demnach zu Beginn in Form von Waldläufen bzw. anderen Ausdauertrainierenden aeroben Trainingsmethoden bestehen, sowie kleinen Grundübungen wie die Übung Freilaufen-Decken und einem Abschlussspiel.

Im weiteren Verlauf der Vorbereitung werden wir dann gewisse Sprinttrainingsübungen immer gleich direkt nach der Aufwärmung ins Training integrieren und dort mit Hilfe von Hütchen, Stangen, Koordinationsleitern und kleinen Sprunghindernissen für Abwechslung sorgen. Demnach sollten dort auch gewisse Reaktionsschnelligkeitsübungen durch Signale und Richtungswechselübungen geschult werden um den Spieler besser auf ungeplante Situationen im Spiel vorzubereiten. Auch diese Einheiten werden mit lockeren taktischen Laufwegübungen, sowie Torschussübungen und einem Spiel abgeschlossen.

Trainingsinhalte zur besseren taktischen Schulung, wie Bewegungen und Verschieben der Viererkette, Laufwege der Stürmer, Training der Mannschaftsteile mit Ballführung in verschiedenen Zonen, 1:1 oder 2:2 oder 3:3 Duelle, sowie Überzahlsituationen mit kleinen Toren sind derweil alles Übungen sie sich der Trainer gegen Ende der Vorbereitung beschäftigen wird. Das Training der Grundlagenausdauer sollte in dieser Phase nahezu abgeschlossen sein und Schnelligkeitsübungen sollten im Laufe der Zeit immer wieder in den Trainingsplan aufgenommen werden. Umso näher das 1. Saisonspiel rückt, umso mehr sollte man sich nun auf die fußballerischen, taktischen Dinge fokussieren ohne allerdings die anderen Dinge wie Kraft, Ausdauer, Beweglichkeit und Koordination zu vernachlässigen.

Das Training sollte Grundsätzlich nach folgendem Schema aufgebaut sein:

Die Erwärmung, eventuell mit integrierten Koordinationsübungen, sollte ca. 15-20 Minuten einnehmen. Beim Grundlagenausdauertraining kann dies natürlich gleich direkt als Erwärmung genutzt werden. Anschließend Hauptteil mit Laufwegübungen, Passspielübungen oder zusätzlichen Testungen wie ein YoYo Intermittent Recovery Test, wo man zwischen zwei Piep Tönen eine gewisse Distanz zurück legen muss oder Flankenläufen mit Torschussübungen. Der letzte Teil des Trainings sollte demnach immer eine Spielform in den zahlreichen Varianten die es gibt sein. Dies bringt noch etwas freudige Stimmung ins Team und lässt die harten Übungen schnell vergessen. Im Anschluss an das Training oder Spiel sollten man etwa 15 Minuten auslaufen um das gebildete Laktat zu verwerten und das Herz-Kreislauf System schonend herunter zu fahren. Auch schwimmen oder Radfahren ist in Ordnung. Manche Spieler kommen mit dem Rad zum Training, aber auch kalt-warm-duschen oder Eisbaden, sowie eine Massage als passive Maßnahme wirken Regenerationsfördernd und sollten zeitlich mit ins Trainingsprogramm integriert werden.

Für die Planung der Saison sollte folgendes gelten:

In den ersten Wochen der Vorbereitung sollten die Grundlagen für die Saison technisch, taktisch, wie athletisch geschaffen werden. Daher sollte man das Training immer so dosieren, dass es zu jeder Phase der Vorbereitung etwas weniger anstrengend wird und man am Tag des ersten Punktspieles top fit ist. Die Dosierung des Trainings ist demnach Hauptaufgabe von Trainer und Athletikcoach. Während der Saison ist es ebenfalls wichtig ein gutes Maß zu finden, denn man wird jedes Wochenende ein Spiel haben und Regeneration ist hier extrem wichtig, um die Leistung im nächsten Spiel aufrecht zu erhalten und nicht im Laufe der Hinrunde durch zu intensive oder zu lasche Einheiten das Erreichte der Vorbereitung wieder zunichte zu machen. Gleiches gilt für eventuell verletzte Spieler. Diese sollten erst wieder ins Training einsteigen, wenn eine vollständige Heilung erfolgt ist. Durch meine Ausbildung zum Fachtrainer Sportrehabilitation kann ich hier ebenfalls behilflich sein und Trainer Krause unterstützend zur Seite stehen.

Für Spieler die aus welchen Gründen auch immer, nicht am Training teilnehmen können, wird es auch Hausaufgaben geben. Dies ist mit der Mannschaft so abgesprochen. Um seine eigene Leistung nicht zu verlieren, sollen die Spieler zuhause entweder laufen gehen, schwimmen, Fahrrad fahren oder ins Fitnessstudio gehen. Auch einen separaten Corepower Kurs oder Online Training können sie mit mir gemeinsam machen, um ihre Fitness zu halten. Mit diesen Mitteln und Entscheidungen wollen Trainer Krause und ich den vollen Erfolg erzwingen.

Das Training in der Saisonphase wird dann wieder auf 2 pro Woche Einheiten verkürzt auf Grund der Regenerationszeit und natürlich auch im Sinne der Familie und der allgemeinen Trainingsbeteiligung, denn um so mehr Trainingseinheiten anstehen, desto verteilter ist die Anwesenheit an allen Trainingstagen.

In der Vorbereitung sind noch 2 weitere Testspiele vereinbart, wo man den aktuellen Zustand jedes einzelnen Spielers in spieltaktischer Form noch einmal überwachen und beobachten kann.

Außerdem wurde am letzten Freitag vor der Punktspielstart ein Teamabend mit Fußballgolf und gemeinsamen Grillen angesetzte um das Teamgefüge zu stärken. Mit diesem Plan werden Trainer Krause und ich in die Vorbereitung starten.

4.5 Fazit nach der Vorbereitungsphase

Nach Abschluss aller Trainingseinheiten und der 3 Vorbereitungsspiele konnten wir uns im Trainerteam ein Bild von der Mannschaft machen. Wir haben Stärken und Schwächen analysiert und versucht Fehler aufzuarbeiten und abzustellen. Konditionelle Defizite, Defizite von Koordination, Beweglichkeit, Schnelligkeit und Taktik konnten wir im Laufe der Vorbereitung nahezu im Rahmen der Möglichkeiten verbessern und somit die Grundlage für eine gute Saison schaffen. Sicherlich war die Trainingsbeteiligung nicht ganz so hoch wie erhofft, jedoch muss man hier immer wieder an das Thema Freizeitsport hängen bleiben, es ist für alle nur ein Hobby, daher ist dies für alle Beteiligten in Ordnung. Außerdem sind wir geschlossen der Meinung, dass andere Teams in dieser Klasse, die gleichen Personalsorgen haben. Die Mannschaft ist aufs Beste vorbereitet, in meinen Augen so fit wie nie zuvor, auch durch meine Hilfe in Form von Trainingsgestaltung, Krafttraining und Übungsauswahl, auch unter Berücksichtigung der genannten technischen und taktischen Hilfsmittel. Trainer Krause, ich und die komplette Mannschaft sind davon überzeugt, dass Saisonziel zu erreichen.

5. Saisonphase

1. FC02 Zwickau Heimspiel

Mit Beginn des ersten Saisonspieles stieg die Anspannung und natürlich entwickelte sich ein enormer Druck auf das Team und den Trainer. Reinsdorf ist zwar nur ein Dorf, hat aber 10.000 Einwohner und es kommen jede Menge Fans. Außerdem stehen wieder einige Derbys an, die extrem wichtig für das Team und das Dorfgefüge sind.

Trainer Krause standen alle Spieler zur Verfügung, daher hatte er die Qual der Wahl, stellte aber im Grunde genommen seine Stammelf auf.

Das Spiel endete erwartungsgemäß mit einem 4:1 Heimsieg, wobei Kapitän Teicher mit 3 Treffern und Böhm die Tore erzielten.

Mir als Athletiktrainer ist in diesem Spiel keinerlei Leistungsabfall aufgefallen. Sicherlich waren Spieler wie Kuhn und Scheller, die weniger trainiert haben wie andere, aber qualitativ in die Startelf gehören, nach ca. 70 Minuten erschöpft, aber es standen genug Alternativen zur Verfügung. Man beherrschte den Gegner in allen Lagen. Das Gegentor entstand nach einer Ecke. Man hätte sogar noch höher gewinnen müssen.

2. SG Friedrichsgrün Auswärts

Das zweite Saisonspiel sollte gleich ein Derby sein. Gegen den Ortsnachbar Friedrichsgrün sollte es am Ende ein mühevoller 2:1 Auswärtserfolg sein. Tore von Lubjuhn und Teicher sorgten für den Sieg. Das Gegentor entstand Kreisklassentypisch aus einer abgerutschten Flanke.

An diesem Tag war das Wetter sehr heiß und ein gewisser Leistungsabfall war spürbar gegen Mitte/Ende des Spiels. Jedoch war deutlich zu erkennen, dass der Gegner noch größere Probleme hatte, daher bin ich weiterhin überzeugt, die Mannschaft fit genug bekommen zu haben.

Im Laufe des Spiels verletzte sich Ritter und musste mit einer Knieverletzung ausgewechselt werden. Einen gravierenden Ausfall oder gar Leistungseinbußen konnte ich bei keinem Spieler feststellen.

3. SV Fortschritt Glauchau Heim

Das dritte Saisonspiel sollte das erste gegen einen gleichwertigen Gegner sein. Am Ende gewann das Team auch dieses Spiel mit 2:1. Kurz nach Beginn des Spieles wurde durch einen groben Schnitzer im zentralen Mittelfeld ein Rückpass von Scheller direkt in den Fuß des Gegners gespielt. Für mich weißt diese Situation auf eine Konzentrationsschwäche hin, die auf mangelndes Training zurück zu führen sein kann. Im weiteren Verlauf erzielt Kuhn den Ausgleich und Krug versenkte in der Nachspielzeit einen Fernschuss zum Siegtreffer. Die letzten 30 Minuten dieses Spieles haben eindeutig gezeigt, dass in der Vorbereitung viel richtig gemacht wurde. Auch durch die Wechsel, konnte man den Gegner in die eigene Hälfte drücken und trotz fußballerischer Ausgeglichenheit, den Gegner durch bessere körperliche Fitness am Ende verdient besiegen.

4. Fraureuth-Ruppertsgrün Auswärts

Am Ende stand ein 4:1 Auswärtssieg, jedoch war dieser Sieg nur durch individuelle Klasse und gute Chancenverwertung gegeben. Teicher versenkte die beiden einzigen Chancen zur Halbzeitführung. Kurz nach der Pause der Anschlusstreffer, hier fiel eine Schläfrigkeit nach der Pause sofort auf. Da muss im Training angesetzt werden, um diese Fehler und Unkonzentriertheit abzustellen. Trompelt mit einem Doppelpack stellte das Endergebnis her. In diesem Spiel kam es zu zahlreichen Ausfällen. Krause musste somit improvisieren und Spieler beginnen lassen, die wenig trainieren und auch wenig Spielzeit bisher hatten. Diesen Leistungsabfall hat im Spiel sofort gesehen, der Gegner beherrschte das Spiel ohne viel Effektivität, umgedreht wurde die Effektivität mit dem 4. Sieg belohnt. Hier wurde erstmals deutlich, dass es gravierende Leistungsunterschiede innerhalb der Mannschaft gab. Diese wurden analysiert und versucht im Training zu korrigieren. Leider findet die Trainingswoche zumeist ohne die Problemspieler statt, somit ist es für mich und den Trainer schwer dies absolut zu korrigieren. Heimtraining ersetzt auch kein Mannschaftstraining, da muss man leider akzeptieren.

5. LSV Thierfeld Heim

Das Duell der bisher Punkverlustfreien Teams endetet mit einem 2:2. Scheller und Böhm sorgten jeweils für Führungstreffer. Ein fragwürdiger Elfmeter sorgte für das 1:1 und in der Nachspielzeit kassierte man in Unterzahl den Ausgleich. Eines Spitzenspieles würdig, war es recht hochklassig und spannend. Das Spiel lief aber in allen Richtungen gegen uns, da sich Kuhn und Trompelt verletzten noch vor der Pause und Kleinschmidt berechtigt Gelb Rot sah in der 63. Minuten. Somit wurde in unterzahl hart gekämpft, leider nicht mit Happy End. Aber man hat in diesem Spiel wieder gesehen, dass trotz der widrigen Umstände die Mannschaft fit ist und gut funktioniert. Jeder hat für jeden gekämpft bis zur letzten Minute, was auf eine gute Fitness hindeutet. Die einzige Chance, aus dem Gewühl nach einer Ecke, nutzte der Gegner, sonst ließ man nicht viel zu.

6. SV Planitz Auswärts

Gegen den SV Planitz reichte eine gute Hälfte um mit 3:1 zu gewinnen. Die erste Hälfte stand der Gegner defensiv gut und konterte einmal brillant. In der zweiten Hälfte zeigte sich dann nicht nur die fußballerische Überlegenheit, sondern der Gegner wurde von Minute zu Minute schwächer. Somit konnten durch Tore von Böhm, Teicher und Trompelt der Sieg hergestellt werden. Auch hier konnte man wieder sehen, trotz vieler Ausfälle, dass das Team fit ist und nun auch die Ersatzspieler besser integriert sind. Spielpraxis bringt eben auch eine gewisse Leistung bzw. Leistungssteigerung. Leider musste auch hier wieder verletzungsbedingt gewechselt werden, Födisch zerrte sich in der ersten Halbzeit.

7. SG Schönfels Heim

Das wohl schlechteste Spiel bisher konnte man trotzdem mit 2:1 für sich entscheiden. Gegen einen sehr sehr schwachen Gegner, ging man früh durch Scheller und Teicher in Führung und stellte dann komplett das Fußball spielen ein. Der Tabellenletzte war danach sogar das bessere Team. Woran dies lag, ist zu analysieren. Jedoch muss man auch solche Spiele einmal dabei haben und am Ende zählen die 3 Punkte. Leider bleibt Thierfeld weiterhin Punktgleich mit dem besseren Torverhältnis auf Platz 1. Hier war weder körperliche Schwäche, noch fehlende Fitness ausschlaggebend. Lediglich die Überheblichkeit nach der schnellen Führung war hier der Grund für den Leistungsabfall.

8. SV Motor Zwickau Süd Auswärts

Einen großen Dämpfer im Aufstiegsrennen kassierte man in diesem Spiel. Was sich letzte Woche angedeutet hatte, spiegelte hier das Ergebnis wieder. Am Ende hieß es 0:4. Spielerische Unterlegenheit und auch körperliche Unterlegenheit sah man in Halbzeit 1. Ein ausgeglichenes Spiel in Halbzeit 2. In den letzten 10 Minuten konnte der Gegner das Ergebnis ausbauen. Alles oder Nichts hieß die Devise und man wurde gnadenlos ausgekontert. Lediglich die 2 Halbzeit war halbwegs in Ordnung. Hier sah man in allen Bereichen das fehlen der verletzten Spieler. Mund abputzen und weiter machen.

9. TSV Crossen Auswärts

Es war der Tag nach dem 40. Geburtstag von Robert Kuhn, der es leider auch nicht schaffte pünktlich zum Spiel da zu sein. Kreisklassentypisch musste Trainer Krause improvisieren und auch den ein oder anderen Spieler kurzfristig schonen, da man die letzte Nacht noch nicht ganz verdaut hatte. Trotzdem endetet das Spiel mit einem klaren 6:1 Auswärtssieg. Trotz dass die ganze Mannschaft unprofessionell am Abend vorher gefeiert hat, gewann man das Spiel klar. Die erste Hälfte war dabei schwerfällig. Am Ende der zweiten Halbzeit wurde dann die körperliche Überlegenheit spürbar und man überrannte den Gegner durch drei Tore von Teicher, zweimal Trompelt und Scheller. Auch hier wurde klar, dass das Team in der Lage ist gut zu spielen und auch mit widrigen Bedingungen umgehen kann. Auch wenn der Gegner schlecht war, muss man diese Spiele erst einmal gewinnen und wenn dies durch körperliche Überlegenheit passieren, freut es mich umso mehr.

10. Ebersbrunner SV Heim

Ein souveränes 3:0 gab es im letzten Heimspiel des Jahres. Das Ergebnis fiel hier jedoch viel zu gering aus. Klare Überlegenheit, aber Chancenwucher waren in diesem Spiel vorhanden. Lediglich Böhm, Teicher und Ritter konnten für Tore sorgen. Wieder einmal sah man, dass hier die körperliche Überlegenheit einen großen Teil zum Sieg beigesteuert hat. Durch unsere Trainingsgestaltung und Dosierung fällt seit mehreren Spielen auf, dass es keine muskulären Verletzungen mehr gab.

11. FSV Silberstraße Auswärts

Das letzte Spiel der Hinrunde, wäre fast dem Wetter zum Opfer gefallen, es schneite in der Nacht vor dem Spiel, jedoch wurde der Platz recht gut geräumt, sodass gespielt werden konnte. Am Ende gab es ein klares 6:0 für unser Team, wobei Teicher wieder mit drei Toren seine Ambitionen auf die Torjägerkanone bestätigte. Ritter, Kuhn und Trompelt sorgten für die restlichen Tore. Auch hier sah man ganz klar die körperlichen Unterschiede zum Gegner. Auf schwierigem Untergrund beherrschte man von Beginn an Gegner fußballerisch und körperlich. Auch hier hätte das Ergebnis durchaus höher ausfallen können.

Vorrunde beendet

Nach diesem Spiel wurde die Vorrunde beendet. Man stand auf Platz 1 der Tabelle, jedoch nur mit einem Punkt Vorsprung und einem Spiel mehr, da bei Thierfeld das letzte Spiel ausgefallen war. Trotzdem als Tabellenführer in die Winterpause zu gehen, beflügelte das ganze Team und ließ ein schönes Weihnachten mit einer tollen Vereinsweihnachtsfeier stattfinden.

Ausblick Ende der Saison

Nun greife ich auf das Ende der Saison vor. Aktuell läuft die Serie noch, allerdings steht der Aufsteiger und Meister bereits fest. Durch eine erfolgreiche Rückrunde und immer wieder schwächelnde Konkurrenz steht fest, dass die SpVgg Reinsdorf Vielau drei Spieltage vor Saisonende nicht mehr eingeholt werden kann. Außerdem steht Teicher mit drei Toren Vorsprung auch noch vor der Torjägerkanone, da muss man aber bis zum Schluss warten mit Gratulationen.

Am Ende bedankt sich Trainer Krause bei mir und wir vereinbaren eine weitere Zusammenarbeit für die kommende Saison in der Kreisliga. Denn Gegner und Anforderungsprofil wird höher. Außerdem sind nicht nur 12 Teams in der Liga, sondern gleich 16, was bedeutet, dass es 30 Spieltage geben wird und dafür muss das Team perfekt gerüstet sein körperlich, athletisch und fußballerisch.

6. Bewertung der einzelnen Spieler

Ronny Szameitpreuksch

Torwart Ronny war Stammtorhüter in der Hinrunde und fiel durch seine Erfahrung im Stellungsspiel und seine guten Paraden. Auch auf Grund seiner Körperlichkeit gewann er zahlreiche 1 gegen 1 Duelle mit den Angreifern und sicherte somit den ein oder anderen Punkt fürs Team. Er ist etwas Übergewichtig, was sich auch auf seine Leistungsdaten ausgewirkt hat, jedoch hat er mit viel Fleiß diese Werte verbessert und ist nun etwas schneller beim Herauslaufen aus dem Strafraum und auch seine Ausdauer hat sich nachweislich verbessert. Ronny kassierte wenig Gegentore, machte keine Fehler und war einer der Bausteine für den Erfolg.

Tobias Schmalfuß

Die absolute Nummer 2 auf der Torwartposition, die er voll akzeptiert. Lediglich in der Vorbereitung kam er zum Einsatz. Seine Trainingsbeteiligung war dem entsprechend niedrig. Man kann daher hier keinerlei Daten erfassen. Trotzdem war er jeden Sonntag im Kader und wäre im Notfall bereit gewesen. Hut ab

Andy Schubert

Absolvierte alle Spiele als gestandene Bank in der Innenverteidigung. Seine fehlende Schnelligkeit und Kondition, macht er durch enorme Körperlichkeit wett und auf Grund seines überragenden Stellungs- und Kopfballspieles ist er aus der Mannschaft nicht wegzudenken. Er war bei fast jedem Training anwesend, hat nur das private Problem von Genussmitteln und schlechter Ernährung, was seine diagnostischen Leistungsdaten nicht verbessert hat. Jedoch ist auf ihn immer Verlass und in dieser Liga sind solche Typen das A und O.

Tom Kleinschmidt

Auch er war eine Bank in der Innenverteidigung, jedoch kassiert er in fast jedem Spiel eine gelbe Karte, 1x sogar Gelb Rot. Er fehlte daher an zwei Spieltagen auf Grund einer Sperre und ein Spiel konnte wegen Urlaub nicht bestreiten. In den Spielen wo er aktiv war, zeigte er allerdings durch seine Schnelligkeit und Abgebrühtheit inklusive Härte im Zweikampf wie wichtig er ist. Seine körperlichen Attribute konnte er beibehalten ohne gravierend Kurven nach oben oder unten. Da er sehr drahtig ist und solide Leistungen gebracht hat, zählt er auch als Baustein des Erfolges. Lediglich an der Muskulatur im Oberkörper muss er etwas arbeiten, er lies sich dann doch das ein oder andere Mal durch einen kräftigeren Gegner abdrängen im Zweikampf, das wird eine Liga höher noch mehr werden wenn er dort nicht ansetzt.

Christian Meier

Christian war ebenfalls eine Bank als rechter Verteidiger in der Viererkette. Seine körperliche Leistung konnte er sichtlich steigern, dass sah man von Spiel zu Spiel. Ein laufaufwendige Position zeigt Stärken und Schwächen recht schnell, er konnte aber hier deutlich im Vergleich zu den Athletiktestungen der Vorbereitung an Leistung zunehmen. Eine Paradebeispiel für Disziplin. Jedes Training und in jedem Spiel gab er alles.

Maxel Schneider

Maxel hat aus tausenden von Gründen kein einziges Mannschaftstraining absolviert, ist jedoch zu jedem Spiel im Kader gewesen und musste auch das ein oder andere Mal von Beginn an auf Grund von Personalmangel auflaufen. Seine Leistungen sind typisch Tagesform- und Gegnerabhängig gewesen. Seine körperlichen Voraussetzungen haben sich eher verschlechtert, er hat 5 kg zugenommen während der Vorrunde. Trotzdem war auf ihn immer Verlass, auch wenn seine Leistungen nie Fehlerfrei waren. Auch hier stellt sich die Frage ob es eine Liga weiter oben reichen wird ohne Training.

Kevin Födisch

Kevin ist als Schichtarbeiter und junger Familienvater recht wenig beim Training aktiv und auch nur die Hälfte der Spiele absolvierte er aus verschiedenen Gründen. Eine Verletzung an der Leiste verhinderte ein paar Spiele. Jedoch konnte ich ihm durch Personal Training als Sportrehatrainer recht schnell wieder fit bekommen. Eine Leistungssteigerung von Beginn der Vorbereitung bis zum Saisonstart war deutlich zu sehen, jedoch fiel dies durch die Fehlzeiten recht schnell wieder ab. Seine Leistungen im Spiel waren durchschnittlich, er musste häufig ersetzt und ausgewechselt werden. Für die Kreisliga muss hier eindeutig eine andere Lösung gefunden werden.

Robert Kuhn

Robert ist mittlerweile 40 Jahre alt und die ganze Woche über im Außendienst unterwegs. Er hat somit kein Training absolviert. Im Spiel war er jedoch immer gesetzt. Er spielte früher höherklassig und das sieht man und das braucht auch diese Mannschaft. Leider ist seine körperliche Verfassung von Spiel zu Spiel schlechter geworden, da er auch seit längerem immer wieder mit muskulären Problem zu tun hat und des Öfteren ausfällt bzw. ausgewechselt werden musste. Auch hier war ein deutlicher Verschleiß zu erkennen und wie lange Robert noch aktiv sein wird, steht in seinem Alter in den Sternen. Zumindest komplett ohne Training und eine Liga höher wird es auch für ihn schwer.

Stephan Scheller

Er ist ein kleines Laufwunder, warum auch immer und im Spiel ständig unterwegs. Als Gartenbauer ist er den ganzen Tag körperlich aktiv und trainiert kaum mit der Mannschaft. Auf der zentralen Position im Mittelfeld ist er nur die Nummer drei, jedoch ist er vielseitig einsetzbar und spielte daher fast jedes Spiel von Beginn an. Egal ob Außenverteidiger oder Außenbahn, er brachte immer seine Leistung. In den letzten Spielen der Hinrunde fiel aber auf, dass es mit seiner Leistung etwas bergab ging und sich viele Fehlpässe einschlichen, daher sollte man hier recht genau die Leistungsentwicklung beobachten.

Pierre Ritter

Pierre spielte auch früher höherklassig und ist wie Robert Kuhn schon über 40. Leider ist auch er seht verletzungsanfällig, dazu kommen familiäre Dysbalancen durch Patchwork und somit bestritt er nur 5 Spiele. Eine absolute Waffe wenn er dabei ist, aber das war viel zu selten. Er hat gute Gene und kann aus sehr wenig viel machen, daher treibt er wenig Sport, sieht aber sehr trainiert aus, was ihn zu einem der wichtigsten Spieler machen könnte, wenn er mehr anwesend wäre. Leider gilt das Gleiche für das Training, er bestritt nur einen Bruchteil der Einheiten und konnte daher seine athletische Leistung maximal aufrechterhalten.

Lukas Krug

Aus der A-Jugend in den Männerbereich ist kein leichter Schritt, jedoch zeigte Lukas dass alles möglich ist und man sich auch direkt zum Stammspieler entwickeln kann. Seine Grundschnelligkeit und Ausdauerfähigkeit konnte er meiner Meinung nach weiter entwickeln und er ist für den Gegner fast nicht zu stoppen. Ihm fehlt es noch an körperlicher Masse um sich in allen Zweikämpfen auch gegen bessere Gegenspieler durchsetzen zu können, allerdings wird das durch mehr Erfahrung von allein kommen. Einer der besten Spieler mit der besten Entwicklung.

William Bosch

Ähnlich wie Lukas Krug ist die Entwicklung von William sehr gut. Der Unterschied zu beiden ist die Trainingsbeteiligung, die bei ihm deutlich geringer ausfiel. Daher hat er im Vergleich zu Lukas einen Nachteil. Seine Schnelligkeit und Ausdauer sind im Vergleich zum Test vor der Saison gleich geblieben, somit war er auch eine Bank, es hätte aber noch besser sein können. Auf jeden Fall auch eine Liga höher zu gebrauchen und weiter zu entwickeln.

Fritz Lubjuhn

Trainingsbeteiligung, Athletik, Schnelligkeit sind im Laufe der Saison immer besser geworden. Leider fehlt es dem Jungen an allen fußballerischen Talenten, somit wird er immer nur als Wechselkandidat gesehen. Fehlende taktische Ausbildung in der Jugend und enorme Fehler in der Entscheidungsfindung von Situationen, lassen Trainer Krause meist verzweifeln. Ein guter Junge, aber in der Kreisliga wird es ganz schwer für ihn, da er auch körperlich eher schmächtig ist.

Toni Meier

Toni gilt in dieser Mannschaft als einer der besten Spieler. Allerdings stand er in dieser Saison nur im absoluten Notfall zur Verfügung und bestritt kein Training und kein einziges Spiel. Er ist als Stand by Profi aber trotzdem für das Team da.

Henrik Grabow

Henrik stieg nach einem Kreuzbandriss wieder ins Mannschaftstraining ein und bemerkte schnell, dass er noch Probleme hat. Auch er bestritt kein einziges Spiel, kam aber hin und wieder zu Training. Leider ist daher auch hier keine Einschätzung seiner Leistungsentwicklung abzugeben.

Lukas Karge

Lukas spielte in der Jugend bei Hertha BSC Berlin und nahm während der Corona Pause extrem an Gewicht zu. Ich habe ihn persönlich unter meine Fittische genommen und wir haben es gemeinsam geschafft 15 Kg an Gewicht zu verlieren. Leider ist dies ein langer Prozess und Lukas ist zwar fußballerisch überragend, aber kämpft mit aller Macht gegen seine körperlichen Probleme. Aus diesem Grund sind seine athletischen Leistungen besser geworden, jedoch kam er nicht über die Reservistenrolle hinaus. Sicherlich mit weiterer Disziplin und Fitness wird er für die kommende Saison mit seiner Qualität eine Waffe werden. Aktuell hat er es aber wie beschrieben noch sehr schwer.

Dennis Trompelt

Dennis ist einer der wichtigsten Spieler im Team und unverzichtbar. Trotz dass er auch nicht mehr der Jüngste ist, bestreitet er jedes Training und jeden Spiel über 90 Minuten mit hervorragender Leistung. Auch wichtige Tore hat er erzielt und somit seinen Beitrag zum Erfolg geleistet. Seine körperliche Form hat sich im Verlauf der Saison gesteigert, somit fiel er in jedem Spiel positiv auf und ist ein echtes Vorbild für die jungen Spieler in der Mannschaft.

Mike Böhm

Ähnlich wie Dennis ist Mike ein Führungsspieler im Sturm. Auch er bestritt alle Spiele und trug sich dem entsprechend in die Torschützenliste ein. Bei ihm war auffällig, dass er recht schnell an Gewicht verlor und sich dies in seiner Dynamic positiv bemerkbar machte. Er wirkte in Zweikämpfen viel robuster, schneller und auch Kopfballstärker. Ihm hat das harte Training auf jeden Fall sehr gut getan und er war bei fast jedem Training dabei und sehr aktiv.

Michael Krause

Als Spielertrainer war er bei jedem Training, musste aber nicht in der Saison auflaufen. Da er sich nur Grund fit durch das Training hält, kann man bei ihm keine Leistungsveränderung nachweisen.

Markus Teicher

Im gehobenen Alter sieht man natürlich auch die Qualität des Kapitäns. Er trifft in fast jedem Spiel und hilft der Mannschaft dadurch natürlich enorm weiter. Er kann als Fitnesstrainer viel Laufen, ist aber in der Schnelligkeit stark eingeschränkt, jedoch ist antizipierter Torriecher unentbehrlich. Eine Verbesserung der Leistung konnte nicht direkt analysiert werden, jedoch ist da auch nichts negatives anzumerken, bis auf die Chancenverwertung, dort wären sicherlich noch mehr Tore möglich gewesen.

6.1. Fazit

Im Grunde genommen gibt es in dieser Mannschaft nicht viel Negatives zu berichten. Das Team ist in Takt, die Ziele wurden erreicht und die Mannschaft hat sich, bis auf kleine Ausnahmen, voll an die Vorgaben des Trainers gehalten. Das in dieser Liga nicht jeder Spieler gleich gut und nicht jede Position doppelt besetzt sein kann, ist jedem bewusst. Was man aus dem Kader macht, ist aber die Kunst. Dies haben Trainer Krause und ich sehr gut hinbekommen und die Mannschaft fit gemacht, sowie taktisch weiter entwickelt. Jeder Spieler hat seinen Beitrag geleistet und war für die Mannschaft da. Nicht jeder konnte regelmäßig trainieren, aber am Ende zählt der Erfolg. Ob einzelne Spieler und die Mannschaft in der kommenden Saison bestehen, wird sich zeigen. Ich bin jedoch vollster Überzeugung, dass vielleicht der ein oder andere Neuzugang kommen wird und die gestandenen Spieler weiter zur Stange halten, sollte das kommende Saisonziel gesichertes Mittelfeld möglich sein. Die Mannschaft hat sich taktisch und körperlich weiter entwickelt, ganz nach den Vorgaben vom Trainer und von mir.

7. Trainingsmethoden und Hilfsmittel

Im Verlauf dieser Ausarbeitung habe ich bereits verschiede Trainingsinhalte und Methoden, sowie Hilfsmittel angesprochen. In diesem Kapitel werde ich daher stichpunktartig noch einmal die Trainingsinhalte eingehen bzw. Trainingsübungen nennen, die im Laufe der Hinrunde angewandt wurden in den verschiedenen Trainingseinheiten, unter anderem:

- Cooper Test

- YoYo Intermittent Recovery Test

- Testungen der Schnelligkeit

- Verschiedene Sprintübungen mit Richtungswechsel durch Hütchen, Standen, Koordinationsleitern oder durch akustische Signale wie Pfiffe

- Sprinttraining in Spielerischer Methode (bsp. Kartenspiel jeder muss eine Karte seiner Farbe aufdecken/finden nach einem Sprint)

- Freilaufen-Decken ohne Tore

- Zonen Spiele der Ketten

- Überzahl Spiele

- Direkte Zweikampfduelle 1:1 auf kleine Tore

- 2:2 und mehr Spieler - Duelle auf kleine Tore

- Torschuss und Flankenläufe mit verschieden Aufgaben

- Taktische Laufweg; Zweikampfverhalten; richtiges anlaufen des Gegners

Krafttraining und HIT Training

Kräftigung der Muskulatur mit Hilfe von Superbändern, Minibändern, Kursgewichten, Kurslanghanteln, Koordinationsboxen, Stepper und dem eigenen Körpergewicht. Außerdem Kettlebell, Medizinball, Sprungseil, Fitnesstrampolin u.v.m.

Sowie teilweise Training im Fitnessstudio am Gerät und Hantelbereich.

weitere Hilfsmittel

Hütchen, Stangen, Kegel, kleine Tore, mittlere Tore, Bälle, Koordinationsleiter, Fußballtennisnetz, Mauermännchen für Freistoßtraining, Netz mit Ziellöchern (Torwand), Stoppuhr, u.v.m.

8. Fazit

Das Saisonziel wurde erreicht! Die Mannschaft steigt wieder auf und kehrt zurück in die Liga wo sie hin gehört. Die Leistung jedes einzelnen Spielers hat dazu beigetragen, dass dies geschafft wurde. Ich habe meine Aufgabe mit voller Hingabe für das Team erfüllt und auch ich habe meinen Beitrag zum Erfolg geleistet. Das Team ist mir dankbar und am Ende konnte sich jeder Spieler nach seiner Leistungsfähigkeit grundsätzlich etwas verbessern oder zumindest etwas dazu lernen wie er sich verbessern kann.

Für mich ist diese gestellte Aufgabe mit Überzeugung bewältigt und ich kann sagen, dass ich stolz bin Teil dieser Mannschaft zu sein. Wir haben es gemeinsam geschafft mit viel Schweiß und Disziplin meine Trainingsmethoden anzuwenden und es geschafft dies als geschlossene Einheit zu schaffen.

Mit dieser Ausarbeitung habe ich zeigen wollen, dass nicht nur Profifußball in Deutschland Anerkennung bekommen sollte, sondern auch jeder einzelne Spieler, Betreuer und Fan einer Dorfmannschaft seinen Teil dazu beiträgt, dass Fußball die schönste Nebensache der Welt ist. Die Höhen und Tiefen verschiedener Spieler in dieser Liga wurden versucht anzuschneiden und ich hoffe, dass mir dies mit Erfolg geglückt ist. Sicherlich konnte ich durch meine Erfahrung als aktiver Spieler und Fitnesstrainer auf viele Erfahrungswerte zurückgreifen, jedoch bin ich davon überzeugt hier die richtigen Worte gefunden zu haben und der Tätigkeit als Athletiktrainer im Fußball ab sofort mit Hingabe nachgehen darf.

6. Quellenangaben

Eigener Text, keine Zitate verwendet

7. Literaturverzeichnis

- *Quellenangabe Lehrskripte Academy of Sports*:
  Lehrskript Konditionstrainer im Fußball